Collection de M. DE SAMPAYO

OBJETS D'ART

ET

D'AMEUBLEMENT

PORCELAINES

TABLEAUX

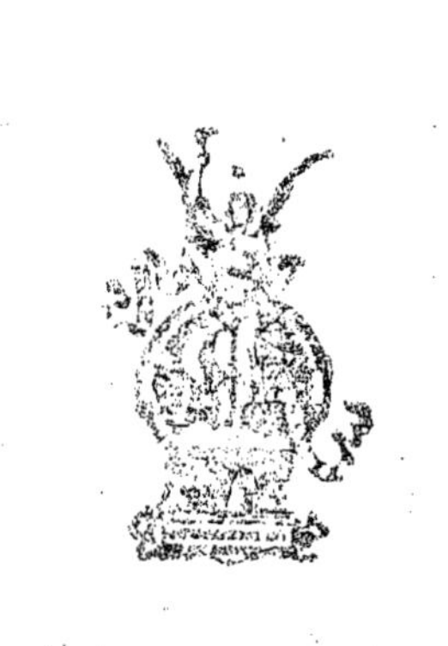

CATALOGUE

DES

OBJETS D'ART

ET D'AMEUBLEMENT

ANCIENNES PORCELAINES

DE SÈVRES, DE SAXE, DE CHINE, ETC.

Faïences françaises et portugaises

TABLEAUX

Objets de vitrine — Boîtes — Bijoux — Éventails

Sculptures — Armes — Verrerie

Bois sculptés et dorés — Meubles anciens
Cabinets hispano-mauresques — Contadors et Meubles portugais

Belle Pendule Régence

Pendules et Candélabres Louis XVI — Sièges — Objets divers

Composant la Collection de M. DE SAMPAYO

ET DONT LA VENTE AURA LIEU

HOTEL DROUOT, SALLE N° 6

Les Mardi 12, Mercredi 13 et Jeudi 14 Juin 1894

à deux heures

Me Paul CHEVALLIER	**M. Charles MANNHEIM**
COMMISSAIRE-PRISEUR	EXPERT
10, rue de la Grange-Batelière, 10	7, rue Saint-Georges, 7

EXPOSITION PUBLIQUE

Le Lundi 11 Juin 1894, de 1 heure 1/2 à 5 heures 1/2

CONDITIONS DE LA VENTE

Elle sera faite au comptant.

Les acquéreurs payeront *cinq pour cent* en sus des adjudications.

L'exposition mettant le public à même de se rendre compte de l'état des objets, aucune réclamation ne sera admise une fois l'adjudication prononcée.

Paris. — Imp. de l'Art. E. MOREAU et Cie, 41, rue de la Victoire.

DÉSIGNATION DES OBJETS

PORCELAINES DE SÈVRES

ET AUTRES

1 — Deux vases pots-pourris, à couvercles, en vieux Sèvres pâte tendre émaillés bleu turquoise et décorés de festons et de retombées de feuillages en dorure. 1340

2 — Beau cabaret de vieux Sèvres pâte tendre, à médaillons contenant des oiseaux de toutes sortes, en réserve sur un fond gros bleu rehaussé d'anneaux entrecroisés et de festons en or. Théière, sucrier, pot à crème et douze tasses à bases arrondies avec leurs soucoupes. Année 1764. 4800

3 — Deux seaux à anses feuillages, en vieux Vincennes pâte tendre, décorés chacun de deux 1550

grands paysages avec figures et de deux oiseaux planant, en camaïeu rose. Filets d'or en haut et en bas, ainsi que sur les anses.

Haut., 17 cent.

4 — Deux plateaux-coquilles, vieux Sèvres pâte tendre, à bouquets et fleurettes détachées, filets bleu et or. Année 1778. Les fleurs par Taillandier, la dorure par Théodore.

5 — Cabaret en vieux Sèvres pâte tendre, à décor de médaillons bleus, de cassolettes, de rinceaux et de guirlandes, encadrés de bandes émaillées rose et relevées de pois et de filets en dorure. Plateau ovale à deux anses, sucrier couvert, pot à crème et tasse droite avec soucoupe. Année 1787 ; décor par Boucot.

6 — Théière, bol et deux grandes tasses droites et leurs soucoupes, vieux Sèvres pâte tendre, très fin décor, grand bouquet en un médaillon et plantes en fleurs au pourtour, bordure bleue relevée de filets et de postes en or. Décor par Niquet. Année 1789.

7 — Tasse droite et sa soucoupe en vieux Sèvres pâte tendre, fond gros bleu semé de pois d'or

et large bordure de roses en des médaillons reliés par des ornements en dorure. Année 1781 ; les fleurs par Tandart, les ors par Chavaux.

8 — Petite tasse droite et sa soucoupe, vieux Sèvres pâte tendre, fond blanc, décor de roses et de boutons inscrits dans des couronnes de feuilles de chêne en dorure. Année 1768 ; décor par Noel.

9 — Petite tasse droite, vieux Sèvres pâte tendre, décor de roses jetées et de cordons de feuillages avec une soucoupe réassortie d'un décor analogue.

10 — Très grande tasse cylindrique à une anse, avec couvercle et présentoir, vieux Sèvres pâte tendre, à décor de guirlandes en camaïeu bleu. Année 1760 ; décor par Catrice.

11 — Vase à corps sphérique et col très évasé, en vieux Sèvres pâte tendre, décoré en bleu de festons fleuris. Année 1763.

12 — Tasse arrondie et une soucoupe en pâte tendre, à médaillons de fleurs réservés sur un fond rose ; encadrements et dents de loup dorés.

13 — Tasse droite et sa soucoupe, vieux Sèvres tendre, festons de fleurs entrecroisés, filets bleus et dents de loup en or. Décor par Taillandier.

14 — Deux pièces : moutardier-baril à décor de fleurs et une soucoupe à paysage en camaïeu rose. Vieux Sèvres.

15 — Vase-balustre à deux anses en rinceaux, émaillé blanc et parsemé de pois d'or.

16 — Cabaret en porcelaine de Sèvres du temps de Louis-Philippe, modèle à côtes émaillées bleu clair, avec bordure et décor en or. Trois grandes pièces et douze tasses avec soucoupes.

17 — Coupe sur pied en porcelaine de Sèvres, du temps de Louis-Philippe, à ornementation ajourée de style oriental ; décor en émaux de couleur et or.

18 — Tasse et présentoir en porcelaine de Sèvres, époque Louis-Philippe, à décor de fleurs variées avec bordure gros bleu et or.

19 — Encrier cylindrique flanqué de deux godets

et de deux porte-plumes, en porcelaine de Paris à fleurs polychromes et ornements dorés. Marque C. P. (Fabrique du comte d'Artois.)

20 — Tasse trembleuse, couvercle et présentoir en ancienne porcelaine dure de Paris à festons de bleuets et décor en dorure.

21 — Tasse droite et soucoupe en porcelaine dure à ceintures de roses et bandes gros bleu et or. Marque M.

22 — Groupe en biscuit de Sèvres : la Leçon de lecture.

23 — Groupe en biscuit : Jeune Mère avec ses trois enfants et une suivante apportant un berceau.

24 — Grand groupe en biscuit de l'époque Louis XVI, couple déposant des fleurs sur un autel que surmontent Vénus et les Amours.

25 — Groupe en biscuit de l'époque Louis XV, l'Amour et Vénus auprès d'une ruche d'abeilles.

26 — Venise. Beau service de table en ancienne porcelaine de Venise, pâte tendre à bords festonnés et en saillie, et à décor de bouquets en camaïeu

carmin rehaussé d'or. Il se compose de : une soupière couverte, deux corbeilles à épices, une saucière, quatorze plats longs, huit plats ronds, douze couvercles de plats, trente-cinq assiettes plates, dix assiettes creuses. Les couvercles, la soupière et les corbeilles sont décorés de têtes d'oiseaux et de branchages fleuris en relief émaillés en couleurs.

27 — Plateau et quatre petites tasses quadrilobés en ancienne porcelaine italienne, décorée de paysages en camaïeu carmin, et d'encadrements en dorure.

28 — BUEN-RETIRO. Grande soupière de forme Louis XV en pâte tendre émaillée blanc.

29 — WORCESTER. Petit sucrier couvert, présentoir, deux coquilles et deux pelles à glace ; à décor de paysage, bleu, rouge et or dans le goût chinois.

30 — DERBY. Deux assiettes à bouquets en couleurs et dents de loup en dorure.

31 — DERBY. Neuf tasses semi-ovoïdes flammées d'or et à bordures gros bleu avec feuillages d'or.

32 — Quatre pièces : deux tasses en Wedgwood et deux pots à crème vieux blanc de Mennecy.

PORCELAINES DE SAXE

33 — Cabaret de vieux Saxe, à médaillons lobés finement décorés de paysages et de figures avec encadrements et bordures en dentelle d'or, fond violacé. Théière, pot à crème, flacon à thé et six tasses avec soucoupes.

34 — Deux tasses et deux soucoupes d'un décor analogue.

35 — Figurine de Flore, vieux Saxe, décoré en couleur avec rehauts d'or.

36 — Bourdaloue en vieux Frankenthal à parties gaufrées en relief et décor polychrome de bouquets et de fleurettes détachées. Au revers, en creux, les lettres P. H. (Paul Hannong ?)

Série de pièces en porcelaine décorée de

Saxe, avec rehauts d'or et paraissant provenir d'un même surtout de table :

37 — Groupe de trois figurines Louis XV, tirant le vin à un tonneau.

38 — Quatre figurines d'enfants assis.

39-40 — Huit figurines : Enfants debout tenant des fleurs.

41 — Dix petits vases Médicis contenant des plantes.

42 — Quatre pièces : deux fontaines où se désaltèrent des oiseaux et deux petits temples rustiques.

43 — Grand groupe d'ancienne porcelaine, décorée en couleurs, de Höchst : Berger et bergère endormie.

44 — Légumier couvert, à anses-branchages, et son plateau en vieux Saxe, décor de scène galante dans le goût de Lancret et bordure en dentelle d'or.

45 — Écuelle couverte, à anses-branchages, vieux

Saxe à fleurs en carmin et dorure; sur le couvercle, une fraise.

46 — Cinq assiettes en vieux Saxe, à décor d'oiseaux et bordure émaillée vert à dessin quadrillé.

47 — Trente-huit assiettes de vieux Saxe à bouquets et fleurettes en camaïeu rose foncé et à bords contournés relevés d'un filet or.

48 — Trois assiettes en vannerie, même porcelaine.

49 — Deux tasses sans anse (l'une cassée) en vieux Saxe, à armoirie et médaillons à paysages et figurines en de riches encadrements, à l'intérieur une dentelle d'or.

50 — Petit simulacre d'une fontaine en ancienne porcelaine de Vienne émaillée blanc et rehaussée d'or : Amour jouant avec un cygne dans une vasque, sous une niche.

51 — Deux tasses et leurs présentoirs à médaillons de fleurs sur fond bleu turquoise.

52 — Tasse et soucoupe en terre rouge à décor simulant le laque de Chine.

53 — Figurine d'Oriental pinçant de la mandoline, en terre blanche émaillée en couleurs; dans le goût du Saxe.

PORCELAINES

DE CHINE ET DU JAPON

54 — Deux cigognes en regard, émaux blanc sur blanc, noir, carmin et jaune; les rochers émaillés vert. Pièces de qualité exceptionnelle. Socles lobés à moulures en bronze doré.

Haut., 44 cent.

55 — Statuette de divinité boudhique en ancienne porcelaine de Chine, à décor très fin en émaux de la famille rose. Elle est debout sur un socle en bois de fer que surmonte un arbre portant des fruits; à ses pieds, une gazelle en bois clair.

Pièce remarquable.

Hauteur totale, 90 cent.

56 — Deux cache-pots cylindriques, cotelés et à anses, têtes chimériques, en ancienne porcelaine de Chine de très belle qualité, décorés en émaux de la famille verte, relevés d'or,

d'oiseaux, de chrysanthèmes et de pivoines. Bordures de fleurs multicolores sur fond vert pointillé noir.

Haut., 16 cent.; diam., 21 cent.

57 — Deux bouteilles à corps ovoïdes et col à renflement en vieux Chine, fond bleu poudré et 900
relevé d'or avec réserves lobées et en forme d'éventails, occupées par des vases et des branchages en fleurs en émaux de couleur. Jolie qualité. Monture en bronze.

58 — Vase balustre à décor très fin d'oiseaux et de 355
fleurs, en émaux de la famille verte sur fond carmin.

59 — Bassin à pourtour circulaire et rebord plat décoré en bleu sur émail blanc. Le fond intérieur représente des habitations chinoises sur des rochers, les bords sont ornés de grecques et de quadrillés. Ce bassin repose sur un support à quatre pieds de forme Louis XV en bois doré.

Diam., 62 cent.

60 — Grande vasque profonde, semi-ovoïde, déco- 800
rée extérieurement en bleu et rouge de fer sur

émail blanc de poissons et de plantes aquatiques. Cette vasque d'ancienne qualité repose sur un support en bois sculpté et doré à pieds de chèvre, masques fauniens et feuillages.

Haut., 50 cent.

61 — Deux belles potiches de forme allongée, à décor de chimères, de poissons, de papillons et de pivoines en bleu, rouge, or et émail vert sur fond noir. L'épaulement et le col ont des réserves et des rinceaux sur fond noir et rouge alternés. La base est ornée d'arabesques en bleu sur blanc. Monture en bronze. Pièces de belle qualité en vieux Japon.

Haut., 57 cent.

62 — Belle potiche couverte, fond bleu fouetté avec réserves lobées et en éventail, contenant des chimères et des motifs de fleurs en camaïeu bleu.

63 — Grand et beau plat décoré en émaux de la famille rose, offrant au centre un groupe de personnages vêtus à l'européenne et ressortant sur un fond mosaïqué en émaux clairs. Riche décor au marli. Belle qualité.

64 — Curieuse petite tasse offrant au pourtour des médaillons bas-reliefs à personnages en biscuit réservé sur fond d'émail bleu, séparés par des compartiments de grecques ajourées. Intéressant spécimen de très ancienne date.

65 — Vase-gourde d'ancienne qualité et décoré en bleu sur émail blanc ; la partie inférieure est quadrangulaire et montre un décor de dragons ; la partie supérieure, sphérique, offre des figures dans un paysage.

66 — Deux vases couverts, forme potiche allongée, décorés en émaux de la famille rose de motifs de fleurs en des réserves affectant la forme de feuilles, de fruits et de kakémonos ressortant sur un fond rouge corail orné de festons de fleurs. Un lambrequin retombe sur l'épaulement.

Haut., 43 cent.

67 — Vase en forme de gourde à trois renflements, décoré de branchages fleuris en bleu, rouge et or.

Haut., 46 cent.

68 — Deux tigres, assis en regard, émaillés au naturel.

Haut., 24 cent.

69 — Grand vase de forme ovoïde décoré, en bleu sur émail blanc, de cerfs sur des rochers. Collerette tore de laurier et support colonne cannelée en bois sculpté et doré.

Hauteur du vase, 55 cent.

70 — Deux carpes émaillées bleu et formant vases à fleurs, sur des rochers jaspés d'émaux de couleur.

71 — Deux vases cylindro-ovoïdes à compartiments, vues de ville, en camaïeu carmin, réservés sur un fond bleu turquoise.

72 — Potiche couverte à riche décor en bleu, rouge et or, de jardinières contenant des gerbes de fleurs sous un lambrequin.

Haut., 60 cent.

73 — Deux vases-balustres aplatis à anses trompes d'éléphants, offrant sur la face un sujet à nombreux personnages.

74 — Deux petites potiches allongées à couvercles, décorées de sujets familiers en couleurs sur fond quadrillé, avec encadrements et bordure en bleu.

75 — Deux potiches couvertes de forme allongée, à décor de rochers et d'arbustes fleuris en bleu, rouge et or.

Haut., 48 cent.

76 — Grand bol à décor bleu, figures et paysages.

77 — Deux chiens de Fô, en regard, vieux blanc de Chine.

78 — Groupe : Femme endormie et enfant debout, dans un lit chinois à parois ajourées, céladon vert d'eau.

79 — Petite bouteille à corps côtelé en céladon gris craquelé.

80 — Théière conique à couvercle dômé, à décor de fleurs et d'oiseaux en émaux de couleur.

81 — Vase-balustre, décor à lambrequin chargé de chrysanthèmes en rouge de fer et or, avec, en haut et en bas, une ceinture de feuilles.

82 — Boîte en forme de fruit émaillée rouge corail et rehaussée d'or.

83 — Tasse et présentoir en forme de fleur de lotus, émaillés rouge et avec branchages en relief rehaussés de vert.

84 — Grand vase semi-ovoïde à couvercle, décoré en bleu, rouge et or de médaillons contenant des jardinières fleuries ; vieux Japon.

85 — Plat, vieux Chine, décoré en émaux de la famille verte : Coq et pivoines. Au marli, huit réserves de fleurs sur fond quadrillé.

86 — Deux statuettes de divinités boudhiques portant la fleur de lotus, richement émaillées en couleurs.

87 — Deux petits vases-potiches allongés à col cylindrique, à papillons et fleurs en relief et décor de chrysanthèmes en bleu, rouge et or ; vieux Japon.

88 — Bol à décor de fleurs et de poissons en bleu, rouge et or ; vieux Japon.

89 — Deux chiens assis, le poil hachuré en rouge de cuivre, le grelot du collier en relief et doré.

Haut., 26 cent.

90 — Deux vases cylindro-ovoïdes à couvercles,

décorés de compartiments lobés à paysages en camaïeu rouge de fer et dorure, bordure lambrequinée en brun et or ; les couvercles sont surmontés de figurines.

Haut., 55 cent.

91 — Grand vase, forme de potiche allongée, en vieux Chine émaillé bleu lapis et partiellement poudré d'or. Collerette en bronze.

Haut., 70 cent.

92 — Théière et son plateau à rosaces ajourées et branchages en relief, en vieux Chine décoré en émaux de la famille rose.

93 — Deux tasses et leurs soucoupes en porcelaine mince de la Chine, à figures d'amours, guerriers et ornements en couleurs et or dans le goût européen.

94 — Deux vases en porcelaine dite des Indes, à anses, fleurs et chimère, dorées, couvercles surmontés de figurines ; décor en couleurs, fleurs et guirlandes, avec, sur la panse, un médaillon en camaïeu, paysage. Socle émaillé à l'imitation du marbre.

Haut., 45 cent.

95 — Deux vases en forme d'urnes, à anses dessinées par des grecques et couvercles surmontés de figurines ; décor à fleurs en bleu et or, avec médaillon sur chaque face, paysage en camaïeu rouge encadré d'une moulure saillante.

Haut., 45 cent.

96 — Flambeau en deux pièces, à décor bleu, rouge et or. Japon.

97 — Boîte en forme de carpe, émaillée bleu sur blanc. Japon.

98 — Gourde en terre grise couverte de granules d'émail marron, le goulot émaillé noir. Céramique du Japon.

99 — Quatre groupes : Personnages debout, devant des rochers, en grès décoré d'émaux de couleurs.

100 — Personnage assis sur un buffle.

101 — Deux petits vases à fleurs supportés par des chimères affrontées ; émail rouge.

102 — Deux boîtes en forme de canards émaillées rouge, vert et or.

103 — Petit perroquet émaillé vert sur rocher jaune.

104 — Deux vases couverts à quatre pans, en forme 310
de balustre aplati et à deux anses chimériques, offrant sur chaque face des bouquets et des fleurettes en couleurs rehaussés d'or, avec encadrements en relief de festons de pampre partiellement émaillés. Sur le couvercle, une chimère.

Haut., 46 cent.

105 — Deux statuettes d'une divinité boudhique, debout sur les flots, vieux blanc de Chine.

106 — Cornet, vieux Chine, émaillé bleu lapis et rehaussé de pivoines et de chrysanthèmes en dorure.

107 — Vase cylindrique à anse double, fond blanc granulé, médaillon à paysage, fleurs et bordure en bleu rehaussé d'or.

108 — Légumier couvert en forme de fruit et plateau à bords godronnés ; décor bleu avec rehauts d'or sur le couvercle.

109 — Deux petits bols à bordure en bleu et décor à rosaces transparentes au pourtour, dit grain de riz.

110 — Deux tasses sans anses et à piédouche, l'une à fond rose avec réserves à figures, l'autre à fond rouge de cuivre et décor en dorure. Kien-Long.

111 — Deux soupières ovales et lobées et deux plateaux octogones à décor de fleurs, de plantes aquatiques et d'oiseaux en émaux de couleurs. Des fruits forment les boutons de couvercles.

112 — Soupière de forme contournée et à rocailles en relief et son plateau en ancienne porcelaine dite de l'Inde, à décor de bouquets en émaux de couleurs.

113 — Plateau coquille sur piédouche avec, au centre, un récipient ajouré ; décor à fleurs en émaux de couleurs et bordure d'imbrications carmin.

114 — Jardinière quadrangulaire et à angles coupés, à deux anses, finement décorée de fleurs et de vases, avec bordure gaufrée en relief de feuillages et de grappes de raisins émaillées en couleurs et rehaussées d'or.

115 — Soupière couverte en forme de corbeille et

son plateau octogone, à fond vert relevé de palmes d'or, avec réserves contenant des armoiries.

116 — Grande soupière à décor de bouquets en émaux de couleurs ; le couvercle est surmonté d'un fruit.

117 — Deux grands bols semblables décorés au pourtour sur émail blanc de motifs de fleurs et d'une bordure à cinq rangées, finement tracés en émaux bleus saillants et niellés d'or.

118 — Coupe à décor de personnages en émaux de couleurs, garnie d'une monture en bronze doré.

119 — Service de table à décor de fleurs, avec bordure de feuillages en dorure sur fond rouge. Il se compose d'environ 187 pièces : soupières, plats couverts, plats longs, corbeilles et plats ajourés en vannerie, assiettes, saucières, pots à crème.

120 — Vase forme potiche à quatre petites anses, en vieux céladon craquelé rehaussé de branchages en bleu.

121 — Plat décoré en émaux de la famille rose ; au fond, une jardinière fleurie sur fond blanc; au marli, des fleurons sur fonds rose et noir alternés.

122 — Plat décoré en bleu ; au fond, des motifs de fleurs et, tout autour, des compartiments radiés.

123 — Deux plats de même décor ; au fond, un cerf et une biche et, sur le marli, des bouquets reliés par une bordure quadrillée, émaux bleu et rouge sur blanc, avec rehauts d'or.

124 — Plat côtelé à feuillages et oiseaux, en bleu, rouge et or.

125 — Théière conique à anses doubles formées de branchages et décor à médaillon et bordure d'oiseaux et de papillons.

126 — Potiche couverte à décor bleu, de figures et de réserves à fleurs sur fond mosaïque.

127 — Plat octogone à armoirie et bordures à imbrications carmin et guirlandes de fleurs.

128 — Plat à décor de chrysanthèmes posées en quinquonce sur fond couvert de festons fleuris; chute quadrillée à réserves.

129-130 — Deux plats à décor de plantes aquatiques en fleurs, en émaux de couleurs.

131 — Plat offrant au fond une branche de chrysanthèmes ; à la chute, des ornements dorés et des réserves ; au marli, des branches d'arbres.

132 — Petit plat décoré en émaux de la famille rose ; au fond, des pivoines ; au marli, une riche bordure lambrequinée.

133 — Plat décoré au fond d'un bouquet en bleu et, sur le marli, d'ornements en émail blanc gravé, bordure en dorure.

134 — Plat à décor de kiosques et de cachets en bleu, rouge et or.

135 — Plat creux à rosace centrale dessinée en bleu sur émail blanc et entourée de compartiments radiés de fleurs en réserve sur fond bleu.

136 — Plat à décor bleu sur émail blanc; au

centre, un gros fleuron et, tout autour, des compartiments de fleurs rayonnantes sur deux rangées.

137 — Plat octogone décoré en émaux de couleurs, avec rehauts d'or, de fleurs aquatiques, de canards et de cigognes.

138 — Deux compotiers à bouquets au centre et bordure à réserves en bleu, rouge et or.

139 — Deux plats creux à décor rayonnant bleu, rouge et or.

140 — Compotier octogone à décor bleu, rouge et or, offrant au fond un vase de fleurs.

141 — Plat à décor de poissons et d'arabesques en rouge et or sur émail bleu.

142 — Tasses, Chine et Japon, sous ce numéro.

143 — Dix tasses et dix soucoupes à réserves de fleurs en couleurs sur fond émaillé marron et relevé d'émail bleu clair.

144 — Deux vases quadrangulaires décorés de figurines de femmes dans des paysages en bleu et rouge de fer avec rehauts d'or.

145 — Deux bols couverts en vieux Japon, à décor bleu, rouge et or.

146 — Bouteille piriforme décorée en bleu sur émail blanc.

147 — Tabouret en forme de baril à pans, décoré en bleu.

148 — Six tasses coniques avec soucoupes, à décor de bouquets et de guirlandes et bordure bleu et or.

149 — Huit tasses à thé et huit soucoupes décorées en bleu, rouge et or.

FAIENCES FRANÇAISES

150 — Rouen. Sucrière conique et à couvercle dômé et ajouré, à décor polychrome de kiosques chinois, de fleurs et de bandes quadrillées. Marque G. L.

151 — Rouen. Huilier à décor polychrome ; le dessus offre des festons ressortant sur fond bleu ; le pourtour, des corbeilles et des guirlandes sur fond blanc.

152 — Rouen. Aiguière à pans en forme de casque, décor bleu, fleurs et rinceaux, avec, sur la face, un cartel portant inscrit : VIVA SU REYAL PERSONA EL REY DE PORTUGAL.

153 — Rouen. Aiguière en casque avec mascaron saillant sous le déversoir, décor bleu de fleurons et de rinceaux.

154 — Rouen. Jardinière rectangulaire et à bords festonnés. Décor polychrome à bouquets ; bandes de hachures rouille et vert.

155 — Rouen. Fontaine et un bassin côtelé à décor polychrome.

156 — Rouen. Bannette octogone à décor polychrome de kiosques chinois et bords à fleurs et quadrillés verts.

157 — Rouen. Grande soupière à décor bleu de fleurs et de bandes quadrillées.

158 — Nevers. Garniture de trois pièces : vase à anses serpents, culot godronné et piédouche, et deux cruches analogues et à goulot ; décor dans le goût chinois à figures et paysages en bleu et manganèse.

159 — Strasbourg. Deux plats à bords contournés ; décor polychrome à bouquets et fleurs détachées.

160-161 — Strasbourg. Cinq plats longs à décor polychrome de bouquets et fleurettes détachées.

162 — Strasbourg. Deux plats ronds de même faïence.

163 à 165 — Strasbourg. Trente-cinq assiettes de même faïence et de même décor.

166 — Strasbourg. Pot à eau à bouquet polychrome et bandes hachurées en rouge carminé.

167 — Strasbourg. Grand plat long à décor polychrome de figures de Chinois et de fleurs. Marque de Joseph Hanong.

168 — Moustiers. Soupière oblongue à deux anses mascarons et couvercle surmonté d'une tête de bélier ; décor polychrome très fin de grotesques, singes, animaux, papillons, fleurs. Sur un drapeau, on voit les initiales d'*Olery*.

169 — Moustiers. Vase en forme de soupière octo-

gone, à mascarons en relief, et couvercle ajouré ; décor bleu de rinceaux déliés.

170 — MOUSTIERS. Plat oblong à décor bleu dans le style de Bérain.

171 — MARSEILLE. Deux assiettes à branches de fleurs et papillons. Marque de la veuve Perrin.

172 — MARSEILLE. Soupière ovale à anses formées de tigres ; décor polychrome très fin de bouquets ; couvercle surmonté de poissons.

173 — MARSEILLE. Soupière de forme contournée à deux anses, quatre pieds et couvercle surmonté de poissons en haut-relief; décor polychrome très fin : bouquets et fleurs détachées.

174 — MARSEILLE. Soupière oblongue de forme Louis XV, plateau et couvercle surmonté de deux branches d'olivier formant poignée. Décor d'oiseaux et de feuillages en camaïeu bistre.

FAIENCES DE DELFT

175 — DELFT. Grande potiche octogone à lambrequin et décor polychrome d'oiseaux et de fleurs dans le goût chinois. Marque de Pynacker.

176 — Delft. — Deux vases forme bouteille à corps sphérique et long col à renflement, décorés en camaïeu bleu de cavalier et de figures dans le goût chinois.

177 — Delft. Potiche côtelée, à décor bleu sur émail blanc.

178 — Delft. Plat à ombilic, décoré en bleu de fleurs et d'oiseaux.

179 — Delft. Plat à décor bleu de fleurs avec compartiments radiés sur le marli.

180 — Delft. Plat à décor bleu.

FAIENCES PORTUGAISES

ET AUTRES

181 — Talavera. Vase cylindrique à deux anses et à déversoir, à décor symétrique en bleu et rouge d'ocre d'oiseaux et de feuillages. Bel émail. xvie siècle.

182 — Talavera. Fontaine en forme de baril dé-

corée en bleu et jaune d'ocre. Sur la face deux anges soutiennent une draperie. XVIe siècle.

183 — TALAVERA. Grosse cruche à anse torse offrant sur la panse en décor polychrome une importante composition allégorique : figures diverses, fleurs, attributs, amours, navires, rocailles et l'inscription : P. FR. JOSEPH M. RIN DE LA PENA. XVIIIe siècle.

184-185 — TALAVERA. Deux grands vases à deux anses, décorés en couleurs de figures de cavaliers dans des paysages. XVIIe siècle.

186 — ALLEMAGNE. Cruche piriforme en grès brun à médaillons-bustes, mascarons et inscription en relief. XVIIe siècle.

187 — TALAVERA. Plat à barbe à dessin de figures et d'animaux sur fond bleuâtre.

188 — TALAVERA. Pot à anse à ouverture trilobée, offrant sur la panse un bouquet de marguerites en couleurs.

189 — TALAVERA. Plat à ornements en couleurs et petits rinceaux sur fond blanc, au marli une ceinture de feuilles. XVIe siècle.

190 — Talavera. Plat décoré d'une figure de Fleuve. xviie siècle.

191 — Talavera. Plat à décor d'animaux, d'oiseaux et de fleurs sur fond émaillé jaune.

192 — Talavera. Deux plats décorés en couleurs d'armoiries espagnoles.

193 — Talavera. Plat à décor bleu, figures de chasseurs et rinceaux.

194 — Surtout de table composé de plusieurs carreaux de dallage du xvie siècle, en terre émaillée, à dessin mauresque.

195 — Espagne. Ancien vase à quatre poignées, fleurs de lis et rosaces en relief, terre vernissée vert et brun.

196 — Espagne. Deux dessus d'encoignure émaillées blanc et à ornementation en relief et dorée sur la face.

197 — Alcora. Grande fontaine contournée à anses et déversoir figurés par des mascarons en relief; la face est décorée d'une vue de ville baignée par un fleuve et encadrée de fleurs en émaux polychromes.

198 — ALCORA. Grande coupe à décor polychrome sur fond blanc, offrant à l'intérieur et à l'extérieur des musiciens orientaux, des papillons, des insectes, des oiseaux chimériques et des gros bouquets.

199 — ALCORA. Fontaine à pans et têtes chimériques en relief, à décor polychrome ; bouquets et fleurettes détachées.

200 — ALCORA. Plateau et ses deux burettes en forme de canards à décor polychrome.

201 — ALCORA. Deux pièces : sucrière en forme de balustre à pans décorée de fleurs et d'oiseaux et un présentoir de même faïence.

202 — ALCORA. Grand plat rond à décor polychrome de figures costumées à l'Orientale et de gros bouquets.

203 — ALCORA. Plat analogue au précédent.

204 — ALCORA. Plaque à moulure et rocailles en saillie formant l'encadrement; elle est décorée d'une figure de Diane avec l'Amour endormi.

205 — ALCORA. Plateau quadrilobé à décor de bouquets polychromes sur fond blanc.

206 — Alcora. Petite soupière de forme Louis XV à rinceaux mouvementés en relief, décor à bouquets polychromes. Le couvercle est surmonté d'une branche d'olivier émaillée au naturel.

207 — Lisbonne. Grand aquarium rectangulaire sur pieds dauphins, à mascaron et ornements en relief et décor marbré bleu et jaune. Fabrique de Rato.

208 — Lisbonne. Autre de même modèle, les dauphins réservés en blanc. Même fabrique.

209 — Lisbonne. Grande fontaine et son bassin, de forme Louis XV, à guirlandes et ornements en relief, et à décor bleu, médaillons à figures et paysages, fond marbré, etc. Fabrique de Rato. Support en chêne avec moulures noircies.

210 — Lisbonne. Aiguière côtelée en spirale et son bassin oblong à ornements en relief, fond d'émail bleu clair et décor polychrome. Marque *R* de la fabrique royale de *Rato*.

211 — Lisbonne. Vase en forme de baquet rempli de poissons et décoré au naturel. Fabrique *de Rato*.

212 — Lisbonne. Grande cruche décorée en bleu et ocre rouge d'un gros bouquet. Marque R. (Fabrique de Rato.)

213 — Lisbonne. Deux soupières de même modèle, pieds à volutes, quatre poignées et couvercles surmontés d'une figurine d'enfant, l'une vernissée jaune, l'autre brun et blanc.

214 — Lisbonne. Plat long à décor polychrome, mascarons et rinceaux.

215 — Lisbonne. Deux consoles-appliques, ornements rocailles bleu et jaune.

216 — Lisbonne. Deux statuettes en faïence émaillée blanc : Fillette tenant un jouet, mouton à roulettes, et villageoise un panier au bras.

217 — Même fabrique. Groupe allégorique de deux enfants, l'un tenant une corne d'abondance, l'autre une urne.

218 — Lisbonne. Plateau rectangulaire à coins arrondis ; décor polychrome. Marque de la manufacture royale.

219 — Lisbonne. Plat à bords festonnés et en reliefs, relevés en couleurs.

220 — Rato. Vase de forme Louis XVI décoré en bleu.

221 — Lisbonne. Deux vases à fleurs à bouquets polychromes.

222 — Lisbonne. Vase à eau pour les pigeons ; décor bleu.

223 — Portugal. Grande corbeille ajourée en faïence émaillée blanc.

224 — Espagne. Bassin à poissons de forme ovale et sur pieds dauphins, à décor de fleurs et d'ornements en bleu ; genre Moustiers.

225 — Portugal. Aiguière à godrons, feuillages et ornements en relief, émaillée blanc.

226 — Portugal. Deux cache-pots hexagones à décor bleu de style chinois.

227 — Porto. Grande soupière de forme Louis XV à bouquets polychromes.

228 — Lisbonne. Bassin côtelé à décor bleu, cartouche à paysage.

229 — Porto. Plat oblong à marli côtelé ; décor à bouquet.

230 — Porto. Vase en forme de soupière à couvercle ajouré surmonté d'un artichaut, le pourtour orné d'une guirlande en relief ; décor polychrome.

231 — Portugal. Grand vase forme potiche décoré en bleu.

232 — Portugal. Deux fontaines à décor polychrome.

233-234 — Quatre cruches en forme de buveurs assis (costumes du XVIIIe siècle), faïence portugaise à l'imitation de la céramique anglaise.

235 — Fromagère décorée en bleu.

236-237 — Portugal. Plusieurs soupières, corbeille, vase.

238 — Italie. Cornet de pharmacie à rosaces en bleu et ocre.

239 — Faïence italienne. Petite cruche à anse, oiseau héraldique et rinceaux en jaune sur fond vert, daté 1764.

240 — Suède. Soupière couverte de forme Louis XV à fond d'émail bleuâtre treillissée d'émail blanc, décor de fleurs et de hachures en bleu. Marque de *Rorstrand.*

241 — Faïence de l'Est. Soupière couverte de forme Louis XV, à décor d'amours musiciens en bistre, de godrons en relief émaillés jaune et de bandes de hachures carmin.

242 — Faïence anglaise. Deux pots à tabac en forme de têtes de négrillons décorées au naturel.

243 — Leed's Pottery. Statuette de Milton décorée en émaux de couleur.

244 — Deux flacons à pans en poterie émaillée blanc avec, sur le col, des feuillages et des souris en relief. Céramique japonaise (?)

245 — Faïence moderne. Grand vase à deux anses et feuilles de vigne en relief, émaillé vert.

TABLEAUX

BORDONE (Paris)

246 — *Vénus et les Amours.*

BREUGHEL DE VELOURS

ET

FRANCK

247 — *Le Paradis terrestre.*

Dans un paysage boisé sont représentées toutes les espèces d'animaux et d'oiseaux. A droite, le sujet de la Création de l'homme et de la femme; à gauche, la Tentation.

Tableau d'un précieux fini, en parfait état de conservation.

GUERCHIN

248 — *Suzanne et les Vieillards.*

HAKKERT ET LINGELBACH

249 — *Paysage.*

Dans une campagne fertile, baignée par une rivière et bornée à l'horizon par une chaîne de montagnes, une société de chasseurs est arrêtée auprès d'une colonnade en ruines qui occupe la droite du premier plan.

HUBERT-ROBERT

250 — *Les Ruines.*

Groupe de figures parmi des décombres que dominent un mausolée et la statue équestre de Marc-Aurèle

HUBERT-ROBERT

251 — *Le Dessinateur.*

Il est assis parmi des débris d'architecture sur un soubassement en ruines, au pied duquel une jeune femme montre à sa fillette le mascaron grimaçant d'un bas-relief.

Signé.

HUBERT-ROBERT

252 — *Paysage d'Italie.*

Des pâtres conduisent leur troupeau de bœufs sur les bords d'un lac immense, bordé à droite et à gauche par des roches escarpées.

HUBERT-ROBERT

253 — *Paysage d'Italie.*

Baigneurs dans un torrent qui forme cascade au premier plan.

MIGNARD (Attribué à)

254 — *Portrait de fillette.*

A mi-corps, tenant un bouquet.

Cadre ancien à tore de chêne, en bois sculpté et et doré.

MOOR (ANTON DE)

255 — *Portrait d'un seigneur.*

En buste, de trois quarts vers la droite, il a les moustaches blondes et porte la barbiche taillée en pointe. Il est coiffé d'une toque noire. Une fraise tuyautée surmonte son pourpoint de couleur foncée. En haut, les armoiries du personnage.

Portrait remarquable, d'une grande vérité d'expression et d'un coloris sobre et puissant.

MOOR (Anton de)

(PENDANT DU PRÉCÉDENT)

256 — *Portrait de femme.*

En buste, tournée vers la gauche, elle porte un élégant costume du XVIe siècle, coiffe en dentelle d'or et d'argent, fraise en gaze, corsage blanc avec surtout noir tailladé, chaînes et boutons en or.

MURILLO (École de)

257 — *La Vierge et l'Enfant Jésus.*

Peinture sur cuivre, dans un cadre en bois sculpté, découpé à jour et doré, du XVIIe siècle.

SALA 1876

258 — *Mousquetaire.*

Aquarelle.

WOUWERMANS (?)

259 — *Chat dans un grenier.*

Auprès d'un balai il est assis sur des bottes de paille et regarde curieusement un œuf cassé sur le sol.

ÉCOLE ITALIENNE

260 — *Paysage boisé avec groupe de bergers.*

ÉCOLE FRANÇAISE (XVIIIe siècle)

261 — *Jeune Femme assise, en costume Louis XV.*

Aquarelle gouachée, forme ovale.

262 — Gravure allemande : *Suzanne et les Vieillards.*

Avec cadre du XVIIIe siècle, en marqueterie, enrichi d'appliques et d'un fronton en argent.

OBJETS DE VITRINE

263 — Jolie petite boîte de forme octogonale, composée de plaquettes d'agate grise dans une monture à cage en or ciselé de l'époque Louis XV. Le pourtour du couvercle porte l'inscription suivante réservée sur fond d'émail blanc : *Rien n'est trop bon pour ce qu'on aime.* Ecrin en chagrin.

264 — Flacon à parfum en jaspe sanguin à six pans, avec collerette et bouchon en or. Le bouchon figure un dauphin, en émail bleu. Époque Louis XV.

265 — Boîte rectangulaire en ancienne porcelaine tendre de Mennecy-Villeroy, gaufrée en vannerie et décorée de bouquets polychromes. Monture en argent.

266 — Boîte rectangulaire composée de six plaquettes en burgau à figures, kiosques et fleurs dans le goût chinois, monture à cage en argent ciselé et doré. Époque Louis XV.

267 — Jolie boîte ronde en écaille brune avec monture en or ciselé de couleurs à torsades en relief ; le dessus offre une petite gouache peinte dans le goût flamand. Époque Louis XVI. Écrin en galuchat.

268 — Boîte ronde en écaille blonde étoilée d'or, ornée sur le couvercle d'une miniature : nymphe et amours. Signée des initiales I. V. P.

269 — Boîte ronde en écaille brune ornée sur le

couvercle d'une gouache : fête sous Louis XV, avec multitude de figurines, dans la manière de Van Blarenberghe.

270 — Boîte ronde en écaille, cerclée et montée d'or, offrant sur le dessus une scène de cabaret dans le goût de Téniers, et sur le fond des pasteurs, les deux miniatures peintes en grisaille.

271 — Boîte ronde en bas or et à double fond, décorée au pourtour, dessus et dessous, de peintures dorées sur verre et à fond noirci, à figures et ornements de style antique. Travail italien de la fin du XVIIIe siècle. Écrin en maroquin rouge.

272 — Boîte ronde en écaille brune, offrant sur le couvercle un bas-relief : figure d'Hébé modelée en cire blanche sur fond noir.

273 — Petite boîte Louis XV ; monture à cage et à cordons ciselés en or, offrant sur le couvercle une scène galante modelée en cire blanche sur fond d'émail bleu.

274 — Deux jolies plaques de bracelet, cintrées et rectangulaires, en émail finement peint sur or : jeune homme et jeune femme assise. XVIIe siècle.

275 — Bague en or avec camée dur à deux couches : Vénus couchée. (Signé.)

276 — Montre et son crochet de ceinture en forme de vase Louis XVI, appendu à un nœud ; le tout en émail enrichi de strass, monté sur argent.

277 — Deux petits flambeaux en argent, de la fin du XVIIIe siècle ; les douilles supportées par de petits génies à genoux sur un piédouche à perles et rais de cœur.

278 — Montre Louis XV à sonnerie, en or repercé à jour, dans son boîtier en or ajouré, avec, sur la cuvette, un sujet allégorique exécuté au repoussé. Mouvement anglais.

279 — Montre de *Gregson* à Paris, à cuvette émaillée en plein et décorée d'une gerbe de blé et d'attributs champêtres, enrichie de jargons incrustés sur fond d'émail gros bleu. Époque Louis XVI.

280 — Montre anglaise en or, du XVIIIe siècle, dans un boîtier émaillé à froid, offrant extérieurement deux portraits : Charles II et le duc d'Yorck et, intérieurement, deux portraits de jeunes femmes.

281 — Belle miniature de forme ovale, peinte à l'huile : portrait de Hyacinthe Rigaud, par lui-même. L'artiste s'est représenté en buste, de face, col de chemise ouvert, drapé dans un manteau bleu. Cadre en argent gravé et doré, fixé sur un fond de velours.

282 — Miniature ovale sur ivoire de l'École italienne : Portrait de jeune femme en riche costume du milieu du XVIIIe siècle.

283 — Miniature ovale peinte à l'huile sur cuivre : Portrait d'un personnage de l'Époque Louis XIV, longue perruque, habit bleu.

284 — Quatre miniatures rondes, sur ivoire, représentant des scènes galantes en des paysages. XVIIIe siècle.

285 — Flacon à corps ovoïde en biscuit de Wedgwood, piédouche et bouchon godronnés en argent.

286 — Étui-nécessaire en émail de Bettersea, offrant sur la face un portrait de jeune femme encadré de rinceaux d'or et réservé sur un fond rose. Époque Louis XV.

287 — Autre, en émail de Bettersea, à médaillons, figures et paysages, encadrements d'or et fond turquoise.

288 — Étui cylindrique en émail de Bettersea, à petits médaillons paysages, sur fond gros bleu relevé d'émail blanc.

289 — Étui à décor d'oiseaux et d'animaux au vernis dit de Martin.

290 — Carnet de bal en écaille posée d'or, à décor d'oiseaux et de festons. Époque Louis XV.

291-292 — Boucles, épingles et divers bijoux en stras, montés en argent.

293 — Boîte ronde en argent, ancien filigrane de Gênes.

294 — Figurine en argent fondu, Guerrier à l'antique tenant un écu armorié.

295 — Bel éventail du temps de Louis XV, à monture d'écaille blonde ajourée, rehaussée d'or et d'argent, et offrant une scène galante et des médaillons d'amours avec entourages et rosaces en jargons. La feuille, finement peinte à la

gouache, est décorée d'une charmante composition : le Joueur de vielle, et de deux médaillons, vases de fleurs, en des encadrements de paillettes métalliques.

296 — Éventail Louis XV, à monture d'écaille brune, découpée à jour, dorée et argentée, offrant des figures orientales, des amours, des motifs d'architecture; la feuille, peinte à la gouache, représente le Festin de Cléopatre.

297 — Éventail Louis XV, à monture de nacre gravée, ajourée et relevée de couleurs avec feuille représentant l'Enlèvement des Sabines, d'après P. de Cortone.

298 — Éventail Louis XV, monture en ivoire, à ornementation ajourée, feuille peinte à la gouache : Pâtres et troupeau à l'entrée d'une ville.

299 — Éventail Louis XV, monture en ivoire finement ajourée et décorée dans le goût chinois, feuille représentant une halte militaire.

300 — Éventail Louis XV à monture de nacre repercée, à figures et ornements rehaussés d'or; la feuille représente deux bergères et l'Amour dans un paysage.

301 — Petit éventail du XVIIIe siècle en ivoire décoré au vernis dit de Martin, d'une gracieuse composition, la Toilette de Vénus, en couleur et au revers d'une vue de ville en camaïeu bleu.

302 — Petit éventail chinois en filigrane d'argent doré à ornementation en émaux bleu et vert.

303 — Petit éventail chinois décoré en couleur, cavalier et figures sur fond argenté.

304 — Petit éventail indien en écaille blonde à ornements et armoirie en dorure.

305 — Trois pièces : un éventail, ivoire à feuille représentant l'Enlèvement des Sabines, et deux anciennes montures.

306 — Boussole-cadran solaire en argent gravé et niellé, XVIIIe siècle, dans son écrin en galuchat.

307 — Boucle de harnais (poitrail de cheval) en cuivre ciselé et doré. Travail hongrois daté 1730.

308 — Médaille en bronze, Faustina Bordoni par Jos. Broccetti.

309 — Flacon à parfum en cristal taillé à pans et garni d'un bouchon en or. Époque Louis XV. Écrin en galuchat.

310 — Bas-relief en ivoire, sans fond, buste de Louis XIV de profil, fixé sur une planche tendue de velours rouge, et encadré de rinceaux fleuris avec un cartouche au chiffre royal en cuivre étampé et doré. xviie siècle.

311 — Petit cadre-reliquaire en cuivre champlevé et émaillé. Espagne, xviie siècle.

312 — Râpe à tabac en ivoire sculpté et offrant en relief de peu de saillie Vénus et les amours, une fleur de lis, des coquilles, etc. xviiie siècle.

313 — Figurine funéraire égyptienne en terre émaillée.

314 — Lot comprenant des plaquettes d'agate et de jaspe, et quatre médaillons bustes en biscuit de Lisbonne, de la fin du xviiie siècle.

315 — Petit tableau représentant deux roses avec la tige et les feuilles, très finement exécuté en tapisserie des Gobelins.

SCULPTURES

316 — CIRE BLANCHE. Suite de quatre hauts-reliefs représentant les Ages d'or, d'argent, d'airain et de fer, compositions comprenant de nombreux personnages et des animaux d'un travail très remarquable. Chacun de ces hauts-reliefs porte la signature de F. NEUBERGER, célèbre modeleur en cire du XVIIe siècle.

317 — CIRE BLANCHE. Haut-relief représentant des Corps de cavalerie sur les deux rives d'un fleuve. Travail du XVIIe siècle.

318 — IVOIRE. Statuette de sainte femme debout et en prière, élevée sur un socle à revêtement de cuivre et cabochons en pierres de couleur. Espagne, XVIe siècle.

319 — MARBRE BLANC. Bas-relief : le Christ sortant du tombeau et hommes d'armes. XVe siècle.

320 — BOIS SCULPTÉ PEINT ET DORÉ. Rétable offrant en haut-relief, sous un édicule gothique, un groupe composé de trois saintes femmes, de

l'Enfant Jésus, du petit saint Jean et de deux saints personnages. En haut, Dieu le Père et deux saints abrités sous des niches. Fin du xve siècle.

321 — Bois sculpté peint et doré. Bas-relief représentant saint Roch debout sous une niche, que surmonte deux chérubins. Espagne. Fin du xvie siècle.

322 — Bois sculpté et peint. Groupe en ronde bosse représentant le Cortège des bergers se dirigeant vers la crèche. Espagne. xviie siècle.

323 — Groupe en bois sculpté et peint, de deux figurines se tenant par la main.

324 — Bois sculpté. Six statuettes de musiciens debout, jouant de divers instruments. xviie siècle.

325 — Terre cuite et peinte. Deux groupes de haut-relief : Dieu le Père et des anges portés sur les nues. Espagne. xviie siècle.

326 — Terre cuite. Statuette de Mendiant aveugle. Travail espagnol. xviiie siècle.

327 — Terre cuite. Statuette de Nymphe debout. xviie siècle.

328 — Bronze. Deux biches couchées, bronze de *Barye*.

ARMES

329 — Sabre turc à lame courbe, fourreau en argent à ornements en relief, quillons et garniture de la poignée en argent.

330 — Yatagan à poignée en argent niellé et fourreau en argent repoussé, à décor de drapeaux, fleurs, rinceaux et architecture.

331 — Criss indien à lame ondulée en damas ronceux, poignée à tête chimérique en bois sculpté avec partie en or filigrané.

332 — Kandjar indien à poignée et fourreau giselé et gravé, à figures et inscriptions.

333 — Poignard persan à lame droite damasquinée d'or.

334 — Épée du XVIIIe siècle, à poignée ciselée et ajourée, le pommeau complètement évidé.

335 — Épée Louis XVI à poignée d'argent à ornements taillés en facettes de diamant.

336 — Pistolet à pierre du XVIIIe siècle, canon gravé et doré, garniture en cuivre doré.

337 — Fusil à pierre à deux coups, de Le Page, à Versailles. Canon tordu à ornements dorés, garniture, sous-garde, plaques d'épaulement en argent ciselé, à décor d'attributs et d'ornements. Epoque Louis XV.

338 — Fusil à deux coups, de *Arlot, rue Greneta, à Paris,* canon bleui à ornements dorés, garniture en argent. Époque Louis XVI.

339 — Paire de pistolets de *Boutet, à Versailles,* avec les accessoires et la boite.

VERRERIE

340 — Grande coupe en verre incolore offrant au bord une ceinture de feuilles et de perles en

dorure relevée d'émaux bleu, blanc, jaune et rouge et, au centre, une biche dans un médaillon lobé. Venise. XVIe siècle.

341 — Grand vase couvert en ancien verre de Venise filigrané blanc.

342 — Seau en verre de Venise incolore et givré, avec anse mouvante simulant une corde.

343 — Grand verre espagnol évasé par le haut, à armoiries aux armes de l'Espagne émaillées en couleurs sur fond blanc opaque et portant l'inscription : *Viva et rey Espania i de las indias.*

344 — Autre, aux armes du Portugal, avec l'inscription : *Vivat Joannes V.*

345 — Petit bol de Bohême émaillé blanc opaque, décoré en noir et bleu d'une vue de château et de cerfs, et portant une inscription allemande et la date 1678.

346 — Chope en verre de Bohême gravé en creux : Enfants et pampres.

347 — Deux chopes à anses en verre de Bohême à pans, décorées de figures et d'arbres en dorure.

348 — Deux flacons à pans en verre de Bohême émaillé en couleurs, à figures, fleurs et ornements.

349 — Aiguière et son bassin contournés en verre blanc opaque, décorés de guirlandes en couleurs et de filets en dorure,

350 — Deux petits vases-balustres en verre de Venise filigrané blanc et à bandes verticales, rouge rubis.

351 — Coupe plate à piédouche en verre de Venise incolore, à bandes unies et treillissées d'émail blanc, disposées en spirale.

352 — Deux buires en verre incolore, à filets verticaux d'émail blanc.

353 à 355 — Verres à pied, gobelet, burettes, buires, etc., de Venise, Bohême, Espagne.

356 — Environ cent pièces d'ancienne verrerie de Bohême gravée et dorée, flacons carrés, flacons et burettes, carafes, sucrier, vases divers, verres à pied, gobelets, etc., seront vendues sous ce numéro.

OBJETS VARIÉS DE L'ORIENT

357 — Tableau chinois exécuté en broderie et étoffes de soie rembourrées, représentant un personnage en riche costume de satin bleu garni de perles, entouré d'enfants et chassant des oiseaux. Cadre du XVIIIe siècle en bois sculpté, doré et argenté, à fronton orné d'un médaillon buste.

358 — Six panneaux étroits en hauteur, d'ancienne soie brochée de la Chine : éléphants, fleurs ornementales et rinceaux en couleurs sur fond rouge avec rehauts d'or et bordures de grecques.

359 — Pot couvert en émail d'Orient décoré de de fleurs en couleurs sur fond vert quadrillé or.

360 — Deux verres à pied, forme calice, en émail de Chine, fond blanc à armoirie espagnole en couleurs et ornements en dorure.

361 — Deux statuettes de divinités sur socles ajourés en pierre de lard. Les détails des costumes très finement gravés. Ancien travail chinois.

362 — Pitong en ivoire décoré en laque doré à reliefs; figures et paysages. Socle laqué noir. Travail japonais.

363 — Boîtes à thé formant un jeu de cinq flacons en étain gravé, contenues dans leur écrin en laque avec présentoir aussi en laque.

364 — Deux vases carrés à piédouche et surmontés d'une couronne, étain gravé à ornements dorés.

365 — Deux autres quadrangulaires à couvercles surmontés d'une chimère.

PENDULES ET BRONZES D'AMEUBLEMENT

366 — Grande et très belle pendule-applique du temps de la Régence, de forme contournée en marqueterie de cuivre sur écaille des Indes, richement garnie de bronzes ciselés et dorés : dragons, têtes de satyres, attributs du temps ; pieds godronnés en spirale, cul-de-lampe feuillagé, figure allégorique en bas-relief (au-dessous du cadran), etc. La partie supérieure, dômée,

est surmontée d'une figurine d'enfant tenant une guirlande. Un cartel d'émail porte le nom *Gourdain à Paris.*

Haut., 1 m. 15 cent.

367 — Pendule de l'époque Louis XVI en bronze ciselé et doré, ayant la forme d'un vase, à mascarons et guirlandes, surmonté d'un amour dans les nues soutenant un médaillon et supporté par trois cariatides, enfants engainés tenant des cordons de roses. Cette pendule repose sur un piédestal élevé lui-même sur un socle à ressauts en marbre blanc avec guirlandes, appliques et moulures en bronze doré.

368 — Deux beaux candélabres en bronze finement ciselé et doré, de l'époque Louis XVI, tiges cannelées et à ressauts, avec médaillons, rubans et pentes de laurier; ils sont à trois bras porte-lumières avec, au centre, une pyramide ornée de médaillons.

369 — Cartel en bronze ciselé et doré de forme contournée, modèle à forts rinceaux et branches de fleurs avec coq sous le cadran et, au-dessus, un petit génie de l'astronomie. Époque Louis XV.

370 — Quatre appliques, chacune à quatre bras porte-lumières en bronze doré de style Louis XVI.

371 — Deux flambeaux en bronze doré, formés d'Amours assis sur des caïmans et supportant des cornes d'abondance.

372 — Grand brazero espagnol en cuivre découpé à jour.

373 — Cassolette élevée sur un piédestal contre lequel sont adossées des figurines d'enfants, bronze doré.

BOIS DORÉS

374 — Bois sculpté, peint et doré. Étagère composée de deux cariatides haut-relief, de travail espagnol du XVIIe siècle, d'une base à tablette et d'une corniche en bois doré.

375 — Bois doré. Deux colonnettes torses enveloppées de pampres avec un Amour en haut-relief sur la base, elles reposent sur des pié-

destaux carrés et supportent des chapiteaux corinthiens. Espagne XVIIe siècle.

Haut., 1 m. 20 cent.

376 — Bois doré. Deux colonnes torses d'ordre corinthien, entourées de festons de pampres où se jouent des oiseaux. Espagne. XVIIe siècle.

Haut., 1 m. 35 cent.

377 — Deux autres pareilles.

378 — Bois sculpté et doré. Deux consoles-appliques italiennes à volutes, rinceaux et feuillages.

379 — Miroir avec cadre décoré de figures d'enfants et de gros feuillages en bois sculpté et doré.

380 — Console d'angle en bois sculpté et doré à attributs, rinceaux et pentes de fruits. Tablette en marbre noir. Époque Louis XVI.

381 — Petit miroir en largeur, de forme contournée, dans un cadre Louis XV en bois sculpté et doré, à motifs de rinceaux, de rocailles et de guirlandes.

382 — Console-applique en bois doré, à tête de chérubin en ronde bosse sous la tablette. XVIIe siècle.

383. — Deux petites consoles, culs-de-lampes à godrons et feuillages. XVIIe siècle.

384 — Deux consoles-appliques composées de feuillages supportant une tablette arrondie ornée de boules.

385 — Deux bras-appliques à cinq lumières, bois et pâte dorés. XVIIIe siècle.

MEUBLES, SIÈGES

386 — Deux belles encoignures à face légèrement contournée, en bois rose et bois satiné et à montants en marqueterie de bois, à quadrillés et fleurons. La porte est enrichie de deux brûle-parfums, d'une draperie et d'une moulure d'encadrement en bronze doré, les angles sont garnis de larges chutes aussi en bronze. Tablettes en marbre. Époque Louis XV.

387 — Ancien cabinet hispano-mauresque à façade

architecturale, portail et tiroirs à colonnettes détachées et rosaces en os gravé et rehaussé de peintures et de dorure. Le haut du meuble forme cabinet ; le bas est à quatre tiroirs avec entrée en fer découpé et doré.

388 — Cabinet hispano-mauresque à façade décorée de rosaces et de colonnettes en or gravé, relevé de peintures et de dorure. Il repose sur une table-tréteau à pieds tournés.

389 — Cabinet en laque de Chine, à reliefs, oiseaux, habitations et rochers, dorés sur champ noir avec bandes aventurinées comme encadrement. Il est garni de nombreuses charnières, d'un grand fermoir découpé à jour et d'écoinçons en cuivre gravé et doré. Ce meuble s'appuie sur une console à pieds contournés et fleurettes Louis XV en bois doré.

390 — Contador (cabinet portugais) en bois dur décoré d'incrustations d'os gravé : rosaces, arabesques et filets. Ce meuble repose sur sa console-support à pieds en cariatides avec tablette d'entrejambe. XVIIe siècle.

391 — Contador portugais du XVIIe siècle, en bois

guilloché avec appliques de cuivre découpées à jour. Il repose sur un piétement à pieds balustres et entretoise tournés en bois noir.

392 — Cabinet à tiroirs recouverts par un abattant, offrant extérieurement et intérieurement des figures, des chimères, des oiseaux et des entrelacs en relief et dorés sur un fond laqué noir. Table-console supportée par quatre pieds figurés par des dragons noir et or. Ancien travail indien. Le dessus présente des armoiries portugaises.

393 — Cabinet ouvrant à l'aide d'un abattant décoré d'une armature de cuivre, fermoir à moraillons, charnières, écoinçons, etc., ressortant sur un fond laqué vermillon et orné en dorure d'éventails de fleurs. Il est supporté par une table-console à parties sculptées et dorées et fond laqué. Travail espagnol du XVIIe siècle.

394-395 — Deux commodes à trois tiroirs, de forme contournée, en bois dur, à moulures, chutes et ornements sculptés. Entrées et poignées de tirage à rocailles en bronze. Dessus en marbre brèche d'Alep. Travail portugais du XVIIIe siècle.

396 — Bureau rectangulaire et à nombreux tiroirs, supporté par huit pieds reliés par des croisillons, en marqueterie de cuivre et d'écaille. XVIIe siècle.

397 — Table en bois dur à dessus marqueté en bois de couleurs et décoré d'incrustations d'ivoire gravé, animaux, arabesques, cornes d'abondance, etc. Les pieds en forme de gros balustres tournés sont reliés par un croisillon et la ceinture est découpée à jour. Travail portugais du XVIIe siècle.

398 — Table portugaise en bois noir à moulures en torsades, elle est garnie d'entrées et de boutons de tirage en cuivre.

399 — Six chaises portugaises à dossiers surmontés d'un fleuron et d'ornements sculptés, pieds se terminant en serres d'aigles ; elles sont garnies de cuir ciselé et cloutées de cuivre.

400 — Coffre indien en bois d'ébène incrusté d'ivoire gravé à décor de rosaces et de fleurs. Le couvercle, légèrement cintré, offre une armoirie portugaise en marqueterie de bois et d'ivoire.

401 — Ancien bureau, dit à la Tronchin, en bois d'acajou incrusté de filets de cuivre.

402 — Vitrine à hauteur d'appui, à côtes légèrement cintrées, en bois d'ébène incrusté de filets de cuivre, et ornée d'écoinçons, de chutes et d'appliques en bronze doré.

403 — Meuble vitrine à deux portes, en marqueterie de Boulle, orné de moulures et d'appliques de bronze rapportées.

404 — Table à jeu, demi-lune, en marqueterie de bois, offrant sur le dessus des attributs de musique et sur la ceinture des canaux simulés. Époque Louis XVI.

405 — Table à ouvrage en palissandre et bois rose de forme Louis XV; les trois tiroirs sont décorés de fleurs en marqueterie.

406 — Table ovale de style Louis XVI en acajou, dessus en marbre blanc avec galerie en cuivre.

407 — Miroir de toilette en marqueterie de cuivre et d'écaille, avec fronton et figurine en bronzes rapportés.

408 — Deux coffrets en marqueterie de cuivre et d'écaille, genre Boulle.

409 — Vitrine d'encoignure en hauteur, de forme monumentale en bois de chêne, à corniche ornée, portant sur des consoles.

410 — Meuble de salon : deux canapés à dossiers arrondis et six petits fauteuils à dossiers médaillons en bois doré, à rubans et nœuds de l'époque Louis XVI, recouverts en tapisserie au point, à fleurs sur raies blanc et bleu alternées.

411 — Deux fauteuils Louis XV à contours mouvementés et fleurettes sculptées en bois doré, recouverts en lampas variés.

412 — Six chaises en palissandre de forme contournée, à fleurettes sculptées et dossiers découpés à jour. Coussins en damas rouge. Milieu du XVIIIe siècle.

413 — Canapé de même modèle que les chaises ci-dessus et avec coussin en vieux damas.

414 — Deux chaises pliantes en X, surmontées de boules de cuivre et garnies de cuir très finement ouvré, à dessin persan.

415 — Table à jouer en palissandre et bois rose, enrichi d'incrustation d'ivoire. Pieds en X. Travail portugais.

416 — Chaise en noyer sculpté, à feuillages, montants couronnés de lions héraldiques et reliés par un fronton : Orphée charmant les animaux, sous lequel deux rangs d'arcatures à balustres de bois noir forment le dossier. XVIIIe siècle.

417 — Fauteuil en bois doré du XVIIIe siècle, avec siège mobile et dossier en satin brodé.

418 — Fauteuil de l'époque Louis XVI en bois de noyer sculpté et relevé de dorure, dossier couronné d'attributs champêtres, pieds carrés à chapiteaux ioniques. Il est couvert de vieux lampas lamé argent.

419 — Deux fauteuils Régence en bois doré, couverts en vieux lampas.

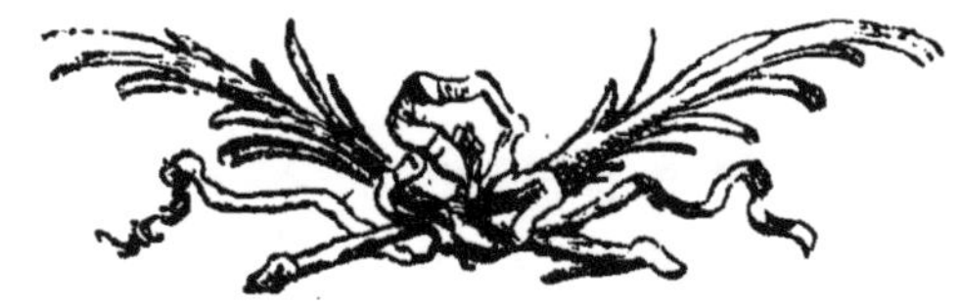

www.ingramcontent.com/pod-product-compliance
Ingram Content Group UK Ltd.
Pitfield, Milton Keynes, MK11 3LW, UK
UKHW021311190726
13839UKWH00007B/1164

9 782329 511429